만화로 배우는
공유지분경매

혼자만 알고 싶은 대박 경매 시리즈 ③

만화로 배우는
공유지분경매

봄봄
스토리

CONTENTS

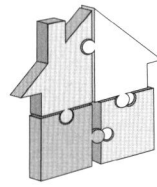

01 공유지분경매 참여 ·· 9

02 공유지분경매 형태
    1) 일반적인 공유지분경매 ································ 22
    2) 형식적경매 ·· 24
    3) 구분소유적 공유관계 ···································· 29

03 경락 후 대처방안 ·· 47

04 공유물 분할 ·· 61

05 판례 ·· 69

06 경매와 관련한 건축이야기 ···························· 117

지은이의 말

이제 필자의 '경매 블루칩 시리즈' 중 맹지와 법정지상권에 이은 마지막 책자다. 이 책은 공유지분경매와 관련한 이해를 돕기 위해서 집필한 책이다. 많은 사람들은 공유지분경매는 시간이 오래 걸리고, 공유자우선매수를 우려해 경매에 참여하기를 꺼리는 것이 보통이다. 또한 경락잔금대출도 거의 모든 물건이 낙찰금액의 80%까지 가능한 것이 보통이지만, 주택의 공유지분경매는 대출이 어려운 경우가 많다. 이러한 이유 때문에 공유지분물건은 다른 보통의 경매물건보다 낮은 가격에 낙찰이 되는 것이 현실이다.

하지만 공유지분경매가 매력적인 이유가 있다. 일반적으로 다수는 소수를 이기고, 강자가 약자를 이기는 것이 거의 모든 세상의 이치다. 그러나 공유지분경매는 이런 세상의 이치와 반대의 경우가 많다. 왜냐하면 1/10 지분을 낙찰 받은 사람은 9/10를 소유한 사람보다 여러 가지 우위를 가질 수 있기 때문이다. 보통 지분 1/10이 경매에 나오면 낮은 가격에 낙찰이 되는 경우가 많다. 그러므로 1/10을 낙찰 받은 사람이 공유물분할청구소송을 제기하면 9/10를 소유한 사람은 1/10 소유자에게 보다 유리한 가격이나 지분으로 분할을 해줘야 하는 경우가 발생한다. 그렇지 못하여 소송에서 합의가 이뤄지지 못하면 전체 지분이 경매에 들어가게 된다. 즉, 경매를 원치 않고 현 상황을 그대로 유지코자 하는 9/10 소유자의 지분도 전체가 경매에 들어가게 되는 것이다. 이렇게 전체 지분이 경매가 진행되면 1/10 지분이 경매가 진행되는 경우보다 높은 가격에 낙찰이 되는 경우가 많고, 필요에 따라서는 1/10 지분을 소유한 사람이 전체를 낙찰 받을 경우도 있을 수 있다.

부동산경매에서 공유지분경매의 물건을 보면 구분소유적공유관계라는 것이 있다. 이는 등기부상 소유는 공유지분형태이나 실은 단독소유나 마찬가지인 것과 같다. 이러한 내용은 부동산등기에서는 확인할 방법이 없고 법원경매기록 및 현황조사서, 감정평가서에 그 내용이 나와 있다. 그러므로 공유지분경매물건이 나오면 현황조사서나 감정평가서를 유의하여 살펴야 한다.

작은 겨자씨가 온전하게 생육하려면 좋은 밭에 뿌려져야 한다. 이 겨자씨가 가시나무에 떨어지거나 길가에 떨어지면 온전하게 생육하지 않는다. 겨자씨가 잘 생육하여 나무가 되어 공중의 새들이 그 가지에 깃들이려면 좋은 땅에 뿌려져야 하듯 경매에서도 좋은 결과를 얻으려면 이러한 모든 사항을 알고 있어야 한다. 일종의 곰팡이인 누룩이 소리 없이 술을 익게 하듯 경매와 관련한 여러 가지 사항을 전반적으로 익히면 자연적으로 경매분석의 완성과 더불어 독자들에게 좋은 결과가 있을 것으로 생각한다.

이 책에서는 공유지분경매에 참여하는 방법과 형태, 경락 후 대처방안, 공유물 분할, 판례, 경매와 관련한 건축이야기로 구성되어 있다. 경매에서 갑자기 건축이야기가 나와 의아하게 생각하는 독자들도 있을 것이다. 그러나 이런 이야기는 우리가 경매에서 많이 접하게 되는 일이다. 경매로 낙찰 받은 토지에 건축허가가 살아있는 경우의 대처 방안, 개발행위허가와 건축허가, 입주권과 이축권, 하천(도로)점용허가의 승계 등 경매를 공부하는 독자들이 모르는 내용이 많이 있다. 이런 내용은 경매를 공부하는 독자들과는 전혀 관계가 없는 것처럼 보이지만 아주 밀접한 관계를 가지고 있다.

필자는 2012년 ≪부동산등기 완전정복≫을 집필한 적이 있다. 그러나 많은 내용이 변하기도 했지만 독자들의 편의를 위하여 만화로 출판하기 위하여 집필하고 있다. 가까운 시일 안에 다시 독자들을 만나길 기대하면서 이 책이 나오기까지 많은 도움을 주신 분들께 고마움을 표하며, 이 책이 공유지분경매를 이해하는데 도움이 되었으면 한다.

2019년 가을 문턱에서

정기수, 김혜란

01

공유지분경매 참여

그렇습니다. 맹지, 법정지상권, 공유지분 물건은 유치권 물건과 비교해서 경락률과 낙찰가가 낮은 편이죠.

> 그렇군요…

맹지와 법정지상권에서 말했지만, 공유지분 경매도 물건분석을 잘하면 굉장히 높은 수익률을 올리는 물건이 많습니다.

> 빨리 알고 싶은데요~~

자! 이제 공유지분경매에 대해 말씀드리겠습니다.

> 집중하겠습니다.

먼저 공유지분경매의 장단점 등을 살펴보고

장단점

공유지분경매의 형태와 경락 후의 대처 방안 등에 대하여 말씀드릴 겁니다.

> 교수님! 어려운 건 아니죠?

그렇습니다. 어려운 것은 없으니까 따라 오시기만 하면 됩니다~~

> 알겠습니다.

물건번호	1 [물건상세조회] [매각물건명세서]	물건용도	임야	감정평가액 (최저매각가격)	106,489,800원 (68,154,000원)
물건비고	1. 지분 매각. 2. 공유자의 우선매수권 행사에 따른 매수신고시 매수보증금 미납으로 실효되는 경우 그 공유자는 이후 매각절차에서 우선매수권을 행사할 수 없음. 3. 도로와 인접하여 있고, 분묘 수기, 제시외 비닐하우스, 제시외 창고, 제시외 물탱크, 제시외 농막, 제시외 이동식 화장실, 제시외 농작물 등 수종 미상의 유실수 및 수종 미상의 수목이 소재하나 점유권원이나 수량, 면적 등은 별도 측량 등 확인 필요함(현황조사서). 4. 개발제한구역의지정등 특별조치법 위반 행위자에 대해 공사의 중지, 건축물 등의 철거 등 필요한 조치를 명할 수 있음(의왕시) 5. 매각지분에 대한 구분소유적 공유관계 특정여부는 별도 확인 필요함(현황조사서).					
목록1	경기도 의왕시 월암동 산25-2		목록구분	토지	비고	미종국
물건상태	매각준비 → 매각공고				
기일정보	2019.07.02			최근입찰결과	2019.05.28 유찰	

자! 법원경매기록에서는 이렇게 나와 있는 것을 볼 수가 있습니다.

교수님! 공유자우선매수신고를 한 공유자가 입찰에 참가하는 경우도 있던데요…

맞습니다. 그런 경우도 있습니다.

그런 경우는 어떻게 되나요?

그런 경우 입찰을 했다고 해서 공유자우선매수권을 포기한 것으로 볼 수 없다는 대법원 판례가 있습니다. 그래서 2등을 했다고 해도 공유자우선매수를 신청할 수가 있죠.

그런데 교수님! 일괄매각에서 일부 지분에만 공유자가 있는 경우가 있는데…

와우! 잘 보았습니다.
자! 그림으로 설명하겠습니다.

감사합니다!

02

공유지분경매 형태

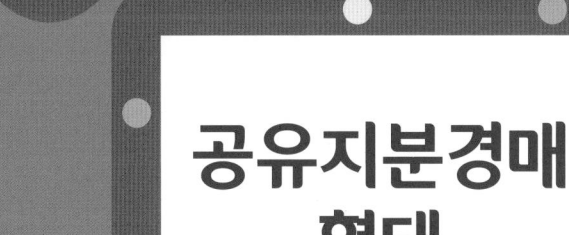

형식적경매

자! 이제 형식적경매에 대하여 알아보겠습니다.

형식적경매란 어떤걸 말하나요?

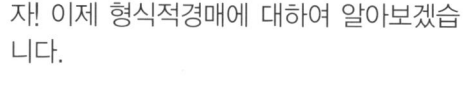

경매란 보통 강제경매와 임의경매가 있죠?

예! 저도 그렇게 알고 있습니다.

강제경매는 집행권원에 의하여, 임의경매는 담보권 실행을 위하여 경매를 실행하는 거죠.

그럼 형식적경매는…?

형식적경매는 재산의 가격보존 또는 정리를 위한 경매를 말합니다.

교수님! 좀 더 쉽게 말씀해 주시면…

수원8계
2018 타경 23499 대지

소 재 지	경기 화성시 봉담읍 덕리 304-3 (18336) 경기 화성시 봉담읍 넌추골2길 9-6				
경매구분	형식경매(공유물분할)	채 권 자	김○라외1		
용 도	대지	채무/소유자	/김○라외6	매 각 기 일	19.07.11(목)10:40
감 정 가	200,671,510 (18.11.08)	청 구 액	0	다 음 예 정	19.08.29 (68,830,000원)
최 저 가	98,329,000 (49%)	토지면적	575.0 ㎡ (173.9평)	경매개시일	18.10.24
입찰보증금	9,832,900 (10%)	건물면적	0.0 ㎡ (0.0평)	배당종기일	19.01.04
주의사항	· 맹지 · 입찰외 특수件분석신청				
조 회 수	· 금일조회 2(0) · 금회차공고후조회 46(9) · 누적조회 449(39) · 7일내 3일이상 열람자 3 · 14일내 6일이상 열람자 0			( )는 5분이상 열람 조회통계 (기준일-2019.07.05 / 전국연회원전용)	

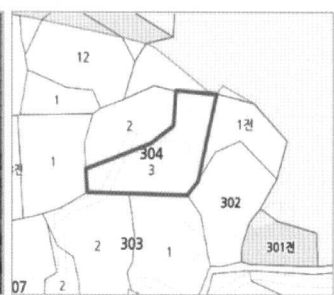

※ 위 사례는 지지옥션(www.ggi.co.kr)에서 발췌한 내용입니다.

자! 위의 경매사건에서 보면 2명이 다른 공유자 5명을 상대로 분할청구소송을 했습니다.

그건 어떻게 알 수 있나요?

이 사건에서 채권자, 즉 소송제기자가 2명입니다.

ㅋㅋ 그걸 어디서 보는지… 답답~~

법원경매정보사이트를 들어가서 이 경매사건을 클릭하면 『관련사건내역』이 나옵니다.

관련법원	관련사건번호	관련사건구분
수원지방법원	2017가단37689	판결정본

그럼 여기서 『대한민국 법원 대국민서비스-나의 사건검색』에서 검색하면 되겠네요?

그렇습니다.
그러면 관련 사건내용이 나옵니다.

ㅋㅋ 이제야 알겠네요.

자! 보시는 바와 같이 원고 2명이 피고 5명을 상대로 공유물분할을 청구했습니다.

그런데 합의가 안되었네요?

사건번호	2017가단37689	사건명	공유물분할
원고	김○라 외 1명	피고	김○규 외 4명
재판부	민사11단독		
접수일	2017.12.05	종국결과	2018.07.12 원고승
원고소가	10,103,782	피고소가	
수리구분	제소	병합구분	없음
상소인		상소일	
상소각하일		보존여부	기록보존됨
인지액	95,900원		
송달료,보관금 종결에 따른 잔액조회		잔액조회	
판결도달일	2018.08.15	확정일	2018.08.29

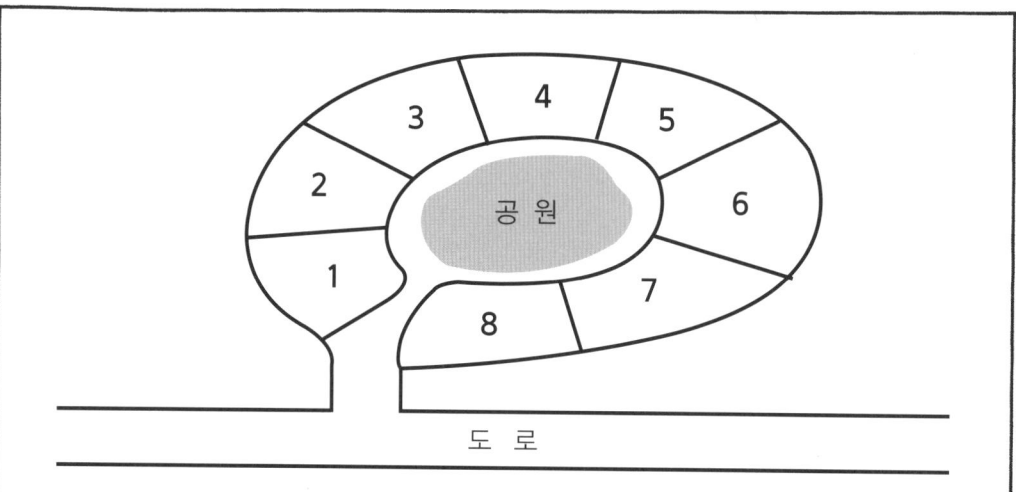

1~8은 3,200㎡ 토지를 매입하여 각각 400㎡를 소유하기로 했습니다.

"그럼 400㎡씩 분할을 하면 되겠네요?"

예. 그러면 좋겠지만 공원도 만들어야 하고 여러 가지 문제가 있어 분필을 하지 않고 공유지분으로 등기이전을 했습니다.

"소유자 1, 지분 400/3,200 이렇게 말이죠?"

예. 그렇습니다. 등기부에는 지분 1/8로 나오겠죠.

"아참! 그렇네요."

그런 다음 1~8은 각각 자기의 위치를 확정하여 다음과 같이 건축을 하고 개별로 소유권등기를 마쳤습니다.

"그럼 대지는 공유지분, 건물은 단독소유, 이렇게 되겠군요?"

서부1계
2011 타경 18860 다가구주택

사건내용

소 재 지	서울 은평구 응암동 601-20 [도로명주소]				
경매구분	임의경매	채 권 자	김○○		
용 도	다가구주택	채무/소유자	선○○/선○○○○	매 각 기 일	13.01.17 (165,200,000원)
감 정 가	350,000,000 (11.11.14)	청 구 액	300,000,000	종 국 결 과	13.03.21 배당종결
최 저 가	143,360,000 (41%)	토지면적	전체 191.7 ㎡ 중 지분 63.9 ㎡ (19.3평)	경매개시일	11.11.09
입찰보증금	28,672,000 (20%)	건물면적	전체 284.4 ㎡ 중 지분 94.8 ㎡ (28.7평)	배당종기일	12.01.19
주의사항	・지분매각 [특수件분석신청]				

2 본건은 공부상(등기부등본, 일반건축물대장등본상) 및 귀 제시목록상은 다가구용 단독주택으로 등재되어 있으나, 현황은 구분소유권적 구분형태로 선광원 지분의 건물의 위치가 공부상 2층 통칭: 3층 부분으로 특정되어 있고 주변유사 건물의 거래관행도 토지, 건물을 일체로하여 거래되는 점등을 고려하여 부근상황, 입지조건, 건물의 구조 및 용재와 위치별, 층별, 향별, 효용성 및 선호도 등 공동주택으로서의 제반가격형성요인과 인근 동유형 유사 주택의 시세등을 종합 참작하여 토지의 소유권/대지권과 건물을 일체로 한 비준가격으로 평가하였으니, 경매 진행 및 입찰시 이점 유념하시기 바랍니다.

1	서울특별시 은평구 응암동	601-20	대		63.9 191.7× ─── 191.7	63.9	일괄	350,000,000	비준가격 선광원 지분전부
2	서울특별시 은평구 응암동	601-20	다가구용 단독주택 (5가구)	벽돌조 평슬래브지붕 2층 1층 2층 지층	94.80 94.80 94.80				
				(내)	94.8 284.40× ─── 284.40	94.8			
							토지·건물 토 지: 건 물:	배분내역 175,000,000 175,000,000 ₩350,000,000	
	합 계			이	하	여	백		

자! 감정평가서의 토지·건물 평가명세표에도 각층의 지분이 평가되어 있습니다.

대박! 대박! 대박!

그래서 감정평가서를 잘 보셔야 합니다.

잘 알겠습니다. 교수님!

❷ 공유지분경매 형태

의정부5계
2017 타경 8817[1] 단독주택

사건내용

병합/중복	2017-11592(병합-전기동), 2018-76053(중복-북○○○○○○○○)				
관련물건번호	<	1 종결	2 종결		>
소 재 지	경기 의정부시 의정부동 227-3 15호 [일괄]227-7, (11690) 경기 의정부시 가능로 132				
경매구분	임의경매	채권자	이○○○○○○		
용 도	단독주택	채무/소유자	최○○/최○○	매각기일	18.05.29 (375,100,010원)
감 정 가	765,439,040 (17.05.26)	청구액	375,000,000	종국결과	19.01.22 배당종결
최 저 가	375,065,000 (49%)	토지면적	전체 841.6 ㎡ 중 지분 140.3 ㎡ (42.4평)	경매개시일	17.04.14
입찰보증금	37,506,500 (10%)	건물면적	전체 83.0 ㎡ (25.1평) 제시외 25.5㎡ (7.7평)	배당종기일	17.07.03
주의사항	·지분매각·입찰외 특수件분석신청				

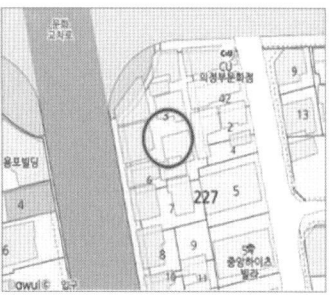

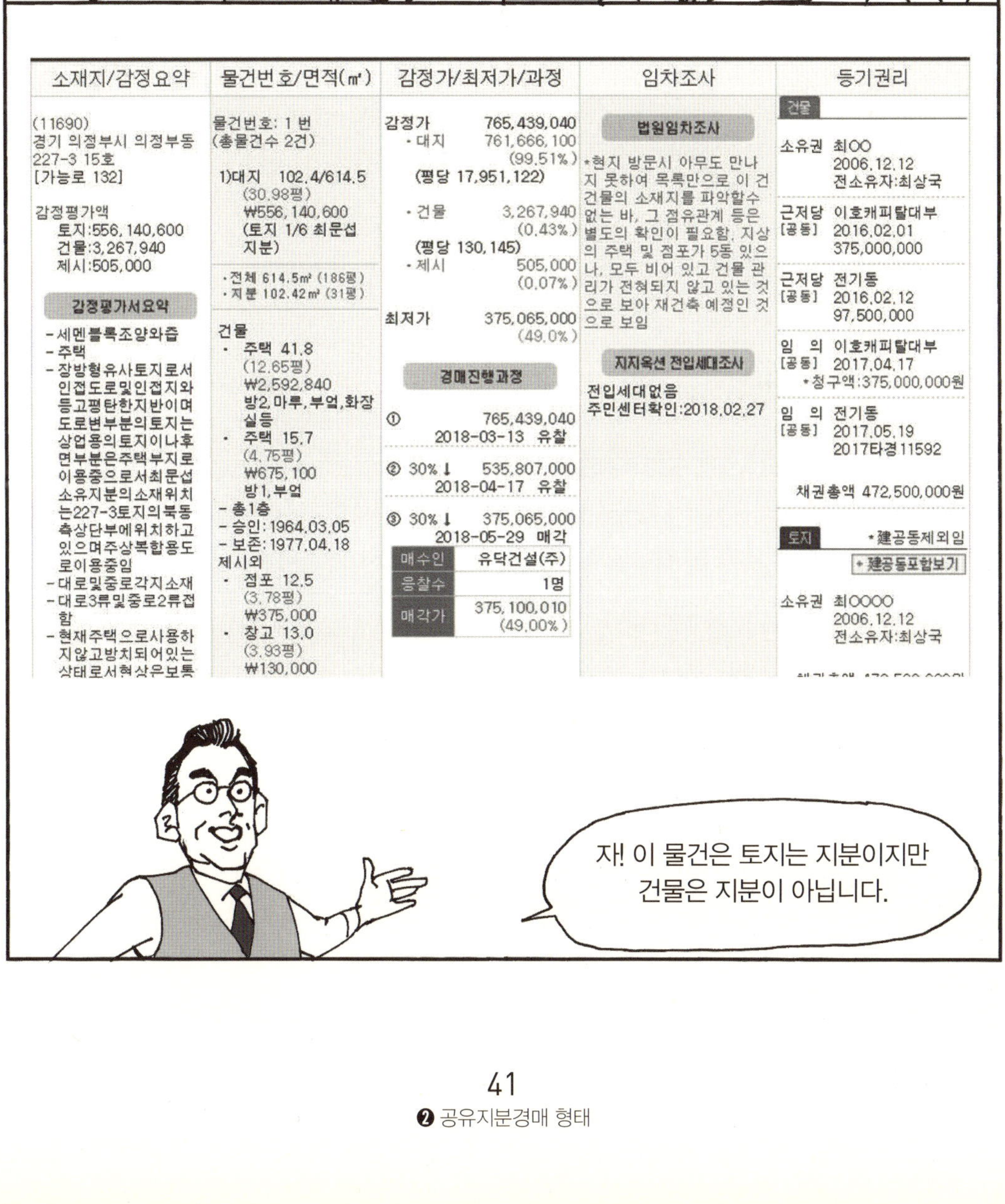

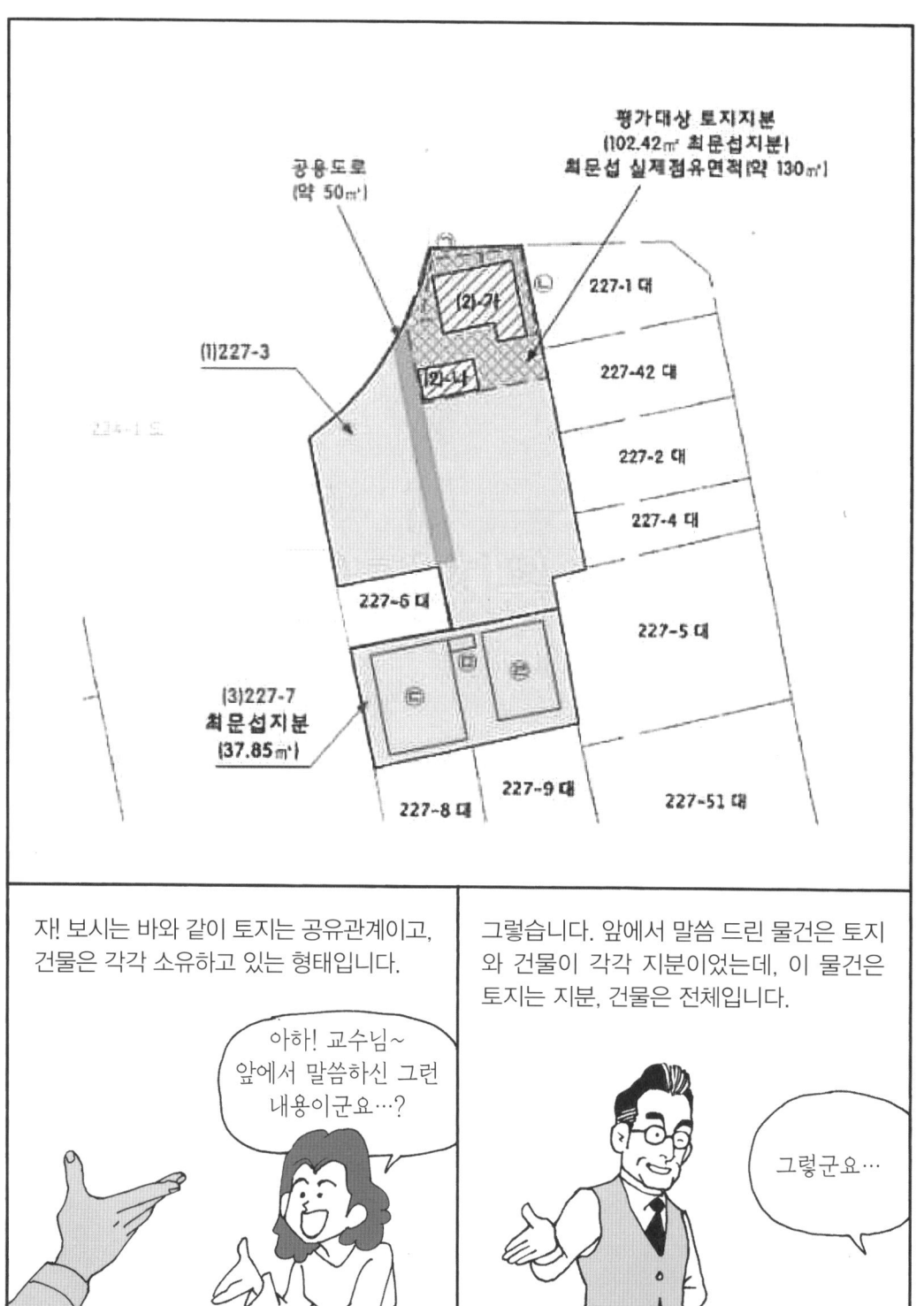

본 감정평가는 기호(1,3)토지의 최문섭 소유지분(매각지분 6분의1 최문섭 지분 전부) 및 기호(1)지상의 최문섭 소유건물(15호)에 대한 평가로서 기호(1,3)토지의 전체면적 중 최문섭 소유지분의 소재위치는 최문섭 소유로 추정되는 건물의 소재위치를 평가대상 위치로 확인하고 이를 기준하여 접면가로조건, 접근조건, 획지조건 및 기타 제반 가치 형성요인을 고려하여 감정평가하였음.

기호(1,3)토지는 최문섭 외 5인이 공유하는 토지로서 최문섭 소유지분 및 최문섭 소유건물(15호)에 대한 위치확인과 관련하여 현장조사를 수차례 실시하였으나 동 장소에는 거주인이나 점유인이 없이 상당기간 방치되어 있어 사실관계의 확인이 곤란하여 채권자에 조회한 결과 및 공유자중 1인에 문의한 결과를 참고하고 일반건축물대장상의 건축물 현황도와 건물의 형태·면적 등의 유사성을 검토한 결과 최문섭 소유지분은 공부상 기호(1,3)토지에 각각 6분의 1 이나 실제의 점유 및 소유형태는 기호(1,3)토지의 전체의 소유지분이 기호(2)건물이 소재하는 기호(1)토지의 북동측 상단부인 것으로 추정되므로 이를 기준하여 평가대상인 기호(1,3)토지의 최문섭 소유지분의 소재위치 및 최문섭 소유건물(15호)의 위치를 확인하고 평가하였으며 이와 같은 사유로 기호(3)지상의 최문섭 지분면적은 실제의 점유 및 소유형태에 따라 기호(1)토지에 일괄하여 포함평가 하였으므로 경매업무에 참고 하시기 바람.

기호	소재지	지번	지목 및 용도	용도지역 및 구조	면적(㎡) 공부	면적(㎡) 사정	감정평가액 단가	감정평가액 금액	비고
1	경기도 의정부시 의정부동	227-3	대	제2종일반 주거지역	614.5 x1/6	140.27	5,430,000	761,666,100	기호(3) 토지지분 포함평가/ 매각지분 6분의1
2 2-가	경기도 의정부시 의정부동	227-3 위 지상 15호	주택	세멘부록조 양와즙 평가건	41.82	41.82	62,000	2,592,840	500,000 x 5/40
2-나			주택	세멘부록조 양와즙 평가건	15.7	15.7	43,000	675,100	350,000 x 5/40
3	경기도 의정부시 의정부동	227-7	대	제2종일반 주거지역	227.1 x 1/6	(37.85)	-	-	기호(1)에 포함평가
	소 계							₩764,934,040	
	제시외건물								
ㄱ	경기도 의정부시 의정부동	227-3	점포 외	벽돌조 스레트지붕 단층	(12.5)	12.5	30,000	375,000	
ㄴ	동 소	227-3	창고	시멘트 블록조 스레트지붕 단층	(13)	13	10,000	130,000	
	소 계							₩505,000	

와우! 알겠습니다.

자! 보시는 바와 같이 토지는 지분, 건물과 제시외건물은 전체지분입니다.

03

경락 후 대처방안

자! 이제부터는 공유지분물건을 경락 받은 후 대처방안에 대하여 알아보겠습니다. 예 교수님! 공유지분경매 참여와 형태에 대하여 알아보았죠	지금부터는 공유지분을 경락 받은 후에 할 수 있는 여러 가지 방안들을 생각해 볼 겁니다. 교수님! 정말 경락 받은 후가 중요할 거 같아요.
먼저 작은 지분을 매수한 공유자의 입장에서 보기로 하죠. 맨 처음 그런 말씀을 하긴 했는데…	예를 들어 설명하는 게 좋을 거 같습니다. 예! 그러면 훨씬 알기 쉬울 겁니다~~
甲 9/10, 乙 1/10 소유 이때 乙 소유 1/10을 丙이 경락 받았다면	경매에 들어가지 않은 다른 공유자는 경매에 들어간 공유자와의 관계 때문에도 그럴 수도 있고… 또 어떤 경우가 있나요?

乙의 지분 1/10을 경락 받은 丙은 지분 9/10 소유자 甲에 대하여 어쩌면 유리한 입장일 수도 있죠. 정말 그게 궁금했습니다.	丙은 甲에 대하여 지분 1/10이 아닌 그 이상을 요구할 겁니다. 그러나 교수님, 甲이 응하지 않으면…
甲이 응하지 않는다면 丙은 공유물분할청구소송을 신청하겠죠. 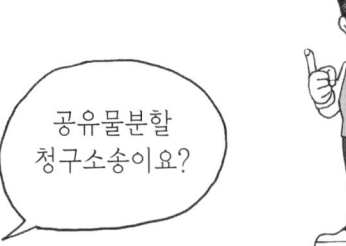공유물분할 청구소송이요?	소송을 제기하면 소송에서는 甲과 丙의 합의를 조정하겠죠. 甲과 丙이 합의가 안되면 어떻게 되죠?
공유물분할에서 자세히 말씀 드리겠지만 경매를 통하여 현금화를 한 다음 분할하라고 하죠. 그럼 甲과 丙의 전체지분이 경매에 붙여진다는 말씀이네요?	이렇게 경매를 하는 것을 형식적경매라고 하죠. ㅋ~ 앞에서 교수님이 말씀 하셨습니다.

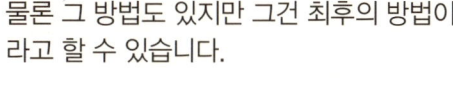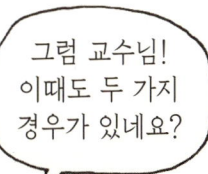

> 그럼 乙은 전체지분을 소유하게 됩니다.

> 정말 그렇네요 ㅋㅋ

MEMO

❸ 경락 후 대처방안

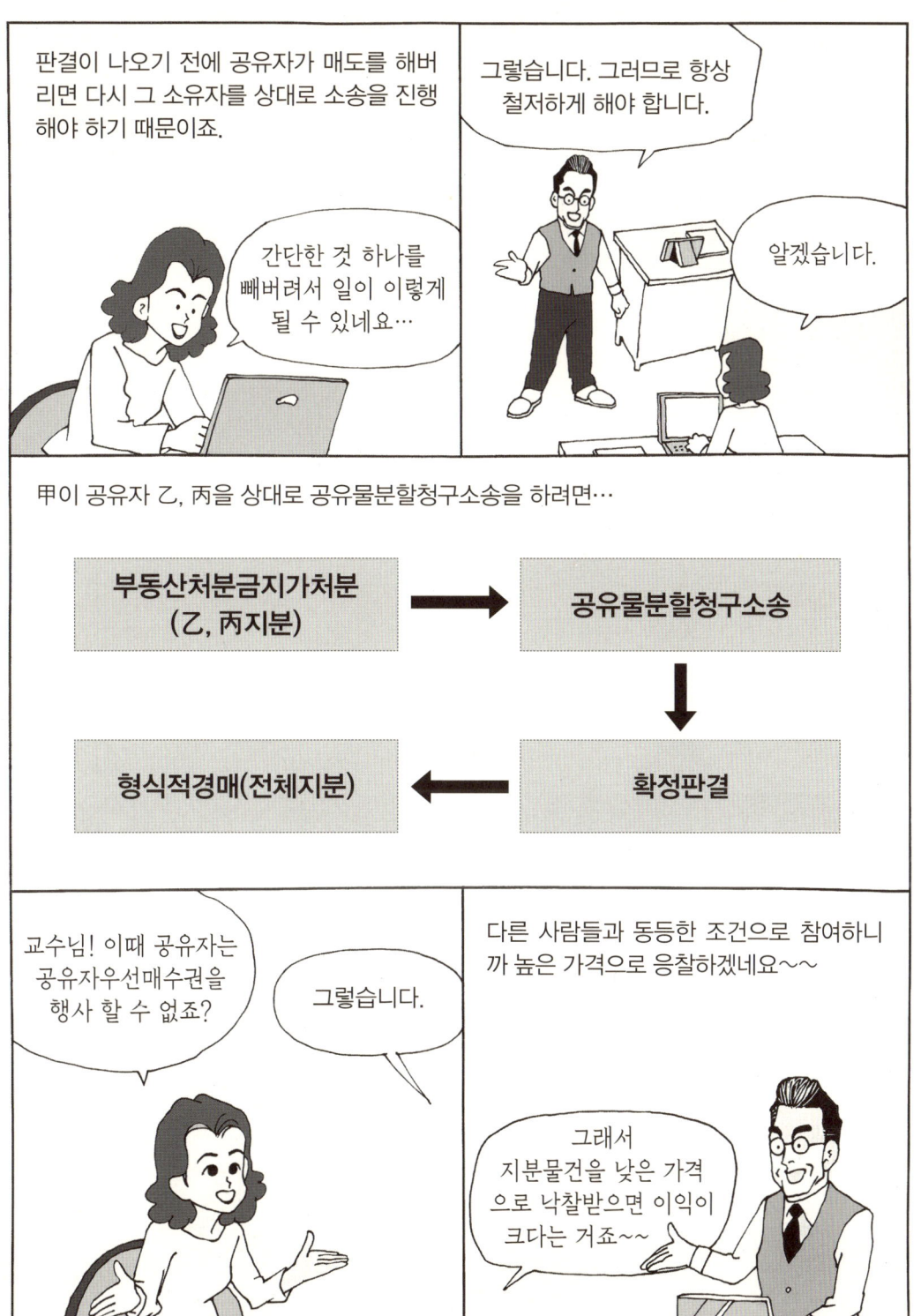

05

판례

No	판결요지	사건번호	페이지
1	공유자들 사이에 특별한 합의가 없이 공유자 중의 한 사람이 공유토지의 특정부분을 배타적으로 사용수익할 수 있는지?	70다2337판결	72
2	토지소유자로부터 토지에 대한 사용수익권을 받은 후, 그 토지 상의 공유자가 생긴 경우 새로운 공유자에 대한 사용수익권의 주장은?	65다2618판결	74
3	원고와 피고가 1필지의 대지를 구분소유적으로 공유하고 피고가 자기 몫의 대지 위에 건물을 신축하여 점유하던 중 위 대지의 피고지분만을 원고가 경락 취득한 경우 관습상의 법정지상권은?	89다카24094판결	76
4	구분소유적 공유지분에 설정된 근저당권의 실행에 의하여 공유지분을 취득한 경락인은 그 구분소유적 공유지분을 그대로 취득하는지 여부	91다3703판결	79
5	과반수 공유지분을 가진 자가 그 공유토지의 특정된 한 부분을 배타적으로 사용수익할 것을 정하는 것이 공유물의 관리방법으로서 적법한지 여부	88다카33855판결	84
6	과반수 지분을 갖지 못한 공유자가 부동산을 임의로 타인에 임대한 경우 공유자가 수령한 임대차보증금 중 자신의 지분 비율 상당액의 지급을 구할 수 있는지 여부	91다23639판결	87
7	과반수 공유지분권자가 그 공유물의 특정 부분을 배타적으로 사용·수익할 것을 정하는 것이 공유물의 관리방법으로서 적법한지 여부	2000다33638, 33645판결	91
8	구분소유적 공유지분에 대한 입찰을 실시함에 있어서 감정평가의 대상	2000마2633결정	94
9	일부 공유자가 배타적으로 점유·사용하는 공유 토지의 특정된 한 부분이 그 지분 비율에 상당하는 면적의 범위 내라고 할지라도, 공유 토지를 전혀 사용·수익하지 않고 있는 다른 공유자에 대하여 그 지분에 상응하는 부당이득 반환의무가 있는지 여부	2000다13948판결	97

No	판결요지	사건번호	페이지
10	과반수 지분의 공유자로부터 사용·수익을 허락받은 점유자에 대하여 소수 지분의 공유자가 점유배제를 구할 수 있는지 여부	2002다9738판결	100
11	공유자 간의 공유물에 대한 사용수익·관리에 관한 특약이 특정승계인에게 승계되는지 여부 및 위 특약 후에 공유자에 변경이 있고 특약을 변경할 만한 사정이 있는 경우 특약을 변경할 수 있는지 여부	2005다1827판결	103
12	구분소유적 공유관계가 경매에 의하여 제3자에게 승계되기 위한 요건	2006다68810, 68827판결	106
13	부동산의 공유지분 위에 근저당권이 설정된 후 그 공유부동산이 분할된 경우 저당권이 근저당권설정자에게 할당된 부분에 집중되는지 여부	88다카24868판결	110
14	민법 제269조에 의하여 실시되는 '공유물분할을 위한 경매'가 목적부동산 위의 부담을 소멸시키는 것을 법정매각조건으로 하는지 여부(원칙적 적극) 및 위와 달리 그 부담을 매수인에게 인수시키는 경우 집행법원이 취할 조치(=매각조건 변경결정과 고지)	2006다37908판결	113

공유자들 사이에 특별한 합의가 없이 공유자 중의 한 사람이 공유토지의 특정부분을 배타적으로 사용수익할 수 있는지?

대법원 1970.12.29.선고 70다2337판결 【건물철거등】

토지소유자로부터 토지에 대한 사용수익권을 받은 후, 그 토지상의 공유자가 생긴 경우 새로운 공유자에 대한 사용수익권의 주장은?

대법원 1966.3.22.선고 65다2618판결 【건물철거등】

원고와 피고가 1필지의 대지를 구분소유적으로 공유하고 피고가 자기 몫의 대지 위에 건물을 신축하여 점유하던 중 위 대지의 피고지분만을 원고가 경락 취득한 경우 관습상의 법정지상권은?

대법원 1990.6.26.선고 89다카24094판결 【건물철거등】

구분소유적 공유지분에 설정된 근저당권의 실행에 의하여 공유지분을 취득한 경락인은 그 구분소유적 공유지분을 그대로 취득하는지 여부

대법원 1991.8.27.선고 91다3703판결 【건물철거등】

5

과반수 공유지분을 가진 자가 그 공유 토지의 특정된 한 부분을 배타적으로 사용수익할 것을 정하는 것이 공유물의 관리방법으로서 적법한지 여부

대법원 1991.9.24.선고 88다카33855판결 【부당이득금반환】

과반수 지분을 갖지 못한 공유자가 부동산을 임의로 타인에 임대한 경우 공유자가 수령한 임대차보증금 중 자신의 지분 비율 상당액의 지급을 구할 수 있는지 여부

대법원 1991.9.24.선고 91다23639판결 【전세보증금】

과반수 공유지분권자가 그 공유물의 특정 부분을 배타적으로 사용·수익할 것을 정하는 것이 공유물의 관리방법으로서 적법한지 여부

대법원 2001.11.27.선고 2000다33638,33645판결 【건물철거등·소유권이전등기】

대법원

다만 그 사용·수익의 내용이 공유물의 기존의 모습에 본질적 변화를 일으켜 '관리' 아닌 '처분'이나 '변경'의 정도에 이르는 것이어서는 안 될 것이고, 예컨대 다수지분권자라 하여 나대지에 새로이 건물을 건축한다든지 하는 것은 '관리'의 범위를 넘는 것이 될 것이다.

구분소유적 공유지분에 대한 입찰을 실시함에 있어서 감정평가의 대상

대법원 2001.6.15.자 2000마2633결정 【낙찰허가】

일부 공유자가 배타적으로 점유·사용하는 공유 토지의 특정된 한 부분이 그 지분 비율에 상당하는 면적의 범위 내라고 할지라도, 공유 토지를 전혀 사용·수익하지 않고 있는 다른 공유자에 대하여 그 지분에 상응하는 부당이득 반환의무가 있는지 여부

대법원 2001.12.11.선고2000다13948판결 【부당이득금반환】

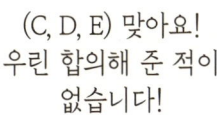

대법원

그러므로 공유자 중의 일부가 특정 부분을 배타적으로 점유·사용하고 있다면, 그들은 비록 그 특정 부분의 면적이 자신들의 지분 비율에 상당하는 면적 범위 내라고 할지라도, 다른 공유자들 중 지분은 있으나 사용·수익은 전혀 하지 않고 있는 자에 대하여는 그 자의 지분에 상응하는 부당이득을 하고 있다고 보아야 할 것인바, 이는 모든 공유자는 공유물 전부를 지분의 비율로 사용·수익할 권리가 있기 때문이다.

판례 및 사전

불가분채무란 채무자가 여럿 있는 경우의 채무를 말하며, 각 채무자가 채무 전부를 이행할 의무가 있으며, 1인의 채무이행으로 다른 채무자도 그 의무를 면하게 된다.

10

과반수 지분의 공유자로부터 사용·수익을 허락받은 점유자에 대하여 소수지분의 공유자가 점유배제를 구할 수 있는지 여부

대법원 2002.5.14.선고 2002다9738판결 【건물등철거등】

공유자 간의 공유물에 대한 사용수익·관리에 관한 특약이 특정승계인에게 승계되는지 여부 및 위 특약 후에 공유자에 변경이 있고 특약을 변경할 만한 사정이 있는 경우 특약을 변경할 수 있는지 여부

대법원 2005.5.12.선고 2005다1827판결 【토지인도등】

대법원

공유자 간의 공유물에 대한 사용수익·관리에 관한 특약은 공유자의 특정승계인에 대하여도 당연히 승계된다고 할 것이나, 민법 제265조는 "공유물의 관리에 관한 사항은 공유자의 지분의 과반수로써 결정한다."라고 규정하고 있으므로, 위와 같은 특약 후에 공유자에 변경이 있고 특약을 변경할 만한 사정이 있는 경우에는 공유자의 지분의 과반수의 결정으로 기존 특약을 변경할 수 있다.

교수님! 특정승계인은 무슨 뜻이죠?

왜 갑자기 내게…

특정승계인과 포괄승계인이란 용어가 나오는데…

간단히 말씀해 주시면…

특정승계란 매매, 교환, 증여 등으로 하나의 권리만 이전되는 것을 말하고…

포괄승계는…?

포괄승계는 하나 이상의 재산권을 통째로 이전받게 되는 상속, 합병 등으로 권리와 의무를 일괄적으로 승계하는 것을 말하죠.

ㅋㅋㅋ 역시 친절하셔

구분소유적 공유관계가 경매에 의하여 제3자에게 승계되기 위한 요건

대법원 2008.2.15.선고 2006다68810,68827판결 【임대차보증금 손해배상】

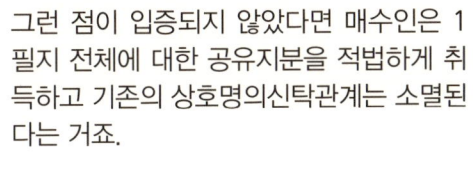

13

부동산의 공유지분 위에 근저당권이 설정된 후 그 공유부동산이 분할된 경우 저당권이 근저당권설정자에게 할당된 부분에 집중되는지 여부

대법원 1989.8.8.선고 88다카24868판결 【임대차보증금 손해배상】

자! 사례를 들어 설명하죠. 앞의 사례에서 甲은 600㎡의 2/3인 400㎡, 乙은 1/3인 200㎡를 소유하고 있습니다. 	甲은 400㎡, 乙은 200㎡를 소유하는 거죠. 
예! 분할된 甲의 400㎡의 2/3지분에 2억원, 乙의 200㎡의 2/3지분에 2억원이 설정되는 거죠. 	(400㎡ x 2/3) + (200㎡ x 2/3) = 400㎡ 이와 같이 근저당권자인 은행입장에서는 아무런 변함이 없습니다. 그럼 전혀 근저당권을 설정하지 않은 乙만 손해잖아요.
그래서 판례에서는 분할 전 甲과 乙, 근저당권자가 특약을 하라는 겁니다. 	그럴 경우 乙은 자신이 부담한 금액만큼 甲에게 구상권을 청구하는 거죠. 구상권을 청구하기보다는 미리 특약을 하는 것이 좋겠네요~~ 

민법 제269조에 의하여 실시되는 '공유물분할을 위한 경매'가 목적부동산 위의 부담을 소멸시키는 것을 법정매각조건으로 하는지 여부(원칙적 적극) 및 위와 달리 그 부담을 매수인에게 인수시키는 경우 집행법원이 취할 조치(=매각조건 변경결정과 고지)

대법원 2009.10.29.선고 2006다37908판결 【가등기회복등기】

이 경매에서 매각물건명세서에는 아무런 말이 없었죠.

인수냐 소멸이냐가 말이죠?

그렇습니다. 그래서 원칙적으로 소멸주의를 택하여 말소시키는 것이 맞다고 판단하였습니다.

그랬군요…

자! 이제 마지막으로 낙찰을 받는 사람들이 알고 싶어하는 건축과 관련한 내용들을 알아보기로 하겠습니다.

교수님이 건축까지요…?

건축은 제가 전문가가 아니기 때문에 전문가가 말씀해 주실 겁니다.

어느 교수님이…

현재 건축사 사무실을 운영하고 있고, 서울시와 경기도의 여러 군데서 건축 및 도시계획심의에 참여하고 계시죠.

아하! 그렇군요.

전문가분을 모셨으니 경매와 관련한 건축과 도시계획분야에 대하여 확실히 공부하시길 바랍니다.

예! 알겠습니다

06

경매와 관련한 건축이야기

건축허가절차

자! 먼저 건축허가절차를 알아보겠습니다.

근데 교수님! 우린 경매를 공부하는데…?

경매에서 땅을 구입하는 목적이 뭘까요?

그거야 여러 가지 목적이 있겠죠…

그래도 가장 큰 목적이 건축을 하기 위한 것일 겁니다.

그게 큰 목적이겠죠…

그래서 건축을 하는 가장 기본적인 절차를 알아보고 가는 겁니다.

알겠습니다.

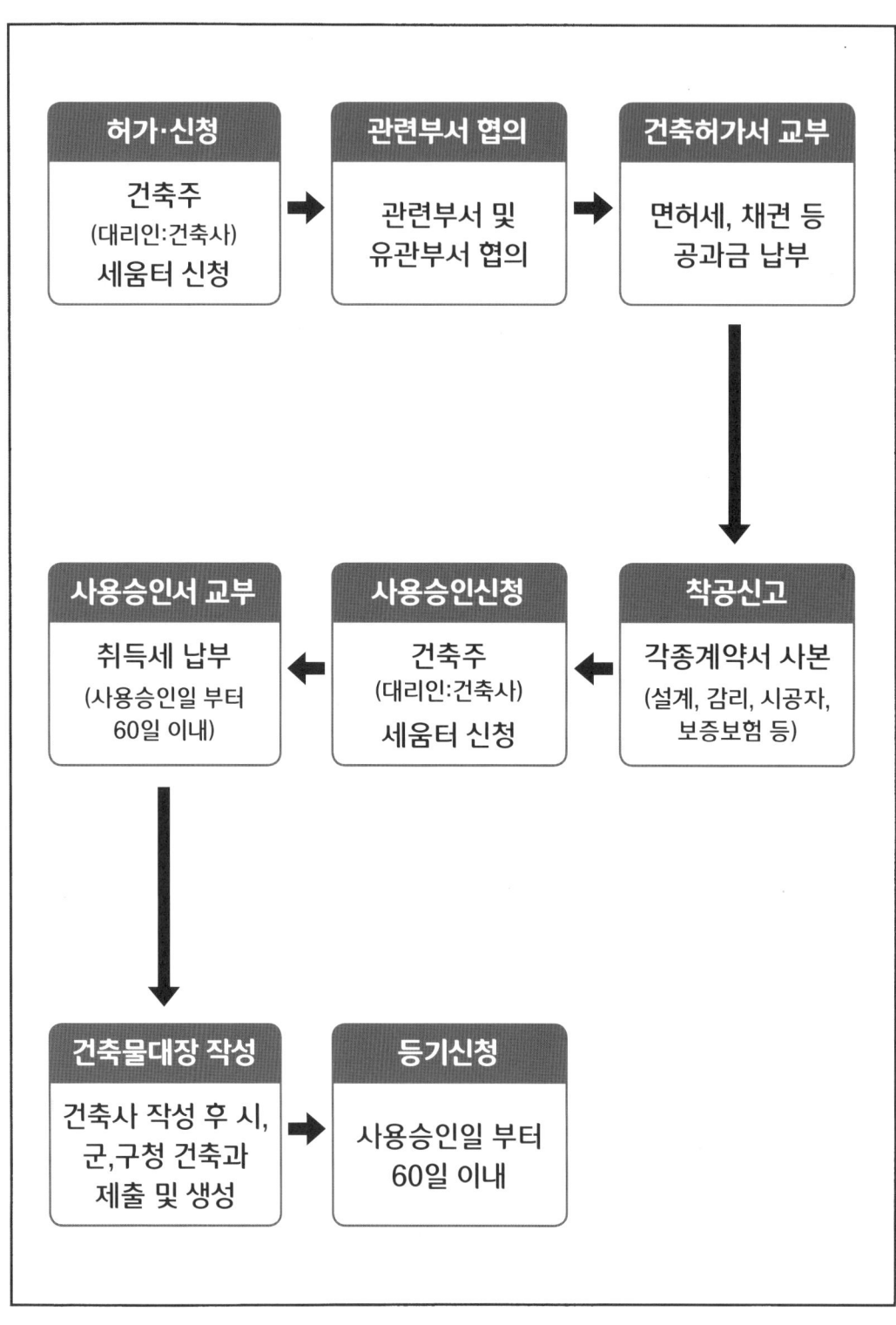

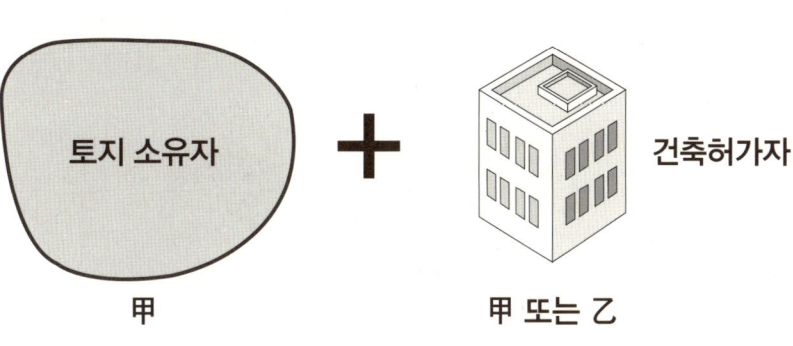

자! 토지소유자와 건축허가명의자가 다른 경우입니다.

왜 갑자기 이런 말씀을…?

이런 경우 하나의 토지에 토지소유권과 건축허가권이라는 각각 다른 2개의 권리가 존재합니다.

정말 그렇네요.

반드시 토지소유자가 건축을 해야 하는 것은 아니니까 제3자인 乙이 甲의 사용승낙을 받아 건축을 할 수가 있습니다.

그래서 토지소유권과 건축허가권이 각각 존재한다는 군요…

그러니까 토지만 경매에 나온 것이고 건축허가권은 경매에 나오지 않은 거죠.

그럼 낙찰을 받아도 건축허가권은 계속 甲 또는 乙에 있겠네요?

건축법 제11조

⑦ 허가권자는 제1항에 따른 허가를 받은 자가 다음 각 호의 어느 하나에 해당하면 허가를 취소하여야 한다. 다만, 제1호에 해당하는 경우로서 정당한 사유가 있다고 인정되면 1년의 범위에서 공사의 착수기간을 연장할 수 있다.

1. 허가를 받은 날부터 2년(「산업집적활성화 및 공장설립에 관한 법률」 제13조에 따라 공장의 신설·증설 또는 업종변경의 승인을 받은 공장은 3년) 이내에 공사에 착수하지 아니한 경우
2. 제1호의 기간 이내에 공사에 착수하였으나 공사의 완료가 불가능하다고 인정되는 경우
3. 제21조에 따른 착공신고 전에 경매 또는 공매 등으로 건축주가 대지의 소유권을 상실한 때부터 6개월이 경과한 이후 공사의 착수가 불가능하다고 판단되는 경우

건축법 제11조 ⑦항 3호를 잘 보시기 바랍니다.

예! 보기는 보는데…

그렇습니다. 그래서 이런 조항을 신설했죠.

이 건축법 제11조 ⑦항 3호는 예전에는 없던 조항인데 2017년 1월 17일에 개정되어 새로 삽입된 조항입니다.

경매 등으로 너무 많은 민원이 발생해서 그런 거겠죠?

그럼 이 조항의 적용은…?

대법원 2004.7.22.선고 2003두7606판결

행정행위를 한 처분청은 비록 그 처분 당시에 별다른 하자가 없었고, 또 그 처분 후에 이를 철회할 별도의 법적 근거가 없다 하더라도 원래의 처분을 존속시킬 필요가 없게 된 사정변경이 생겼거나 또는 중대한 공익상의 필요가 발생한 경우에는 그 효력을 상실케 하는 별개의 행정행위로 이를 철회할 수 있다.

맹지에 있는 구건물을 철거하고 신건물을 신축하는 방법

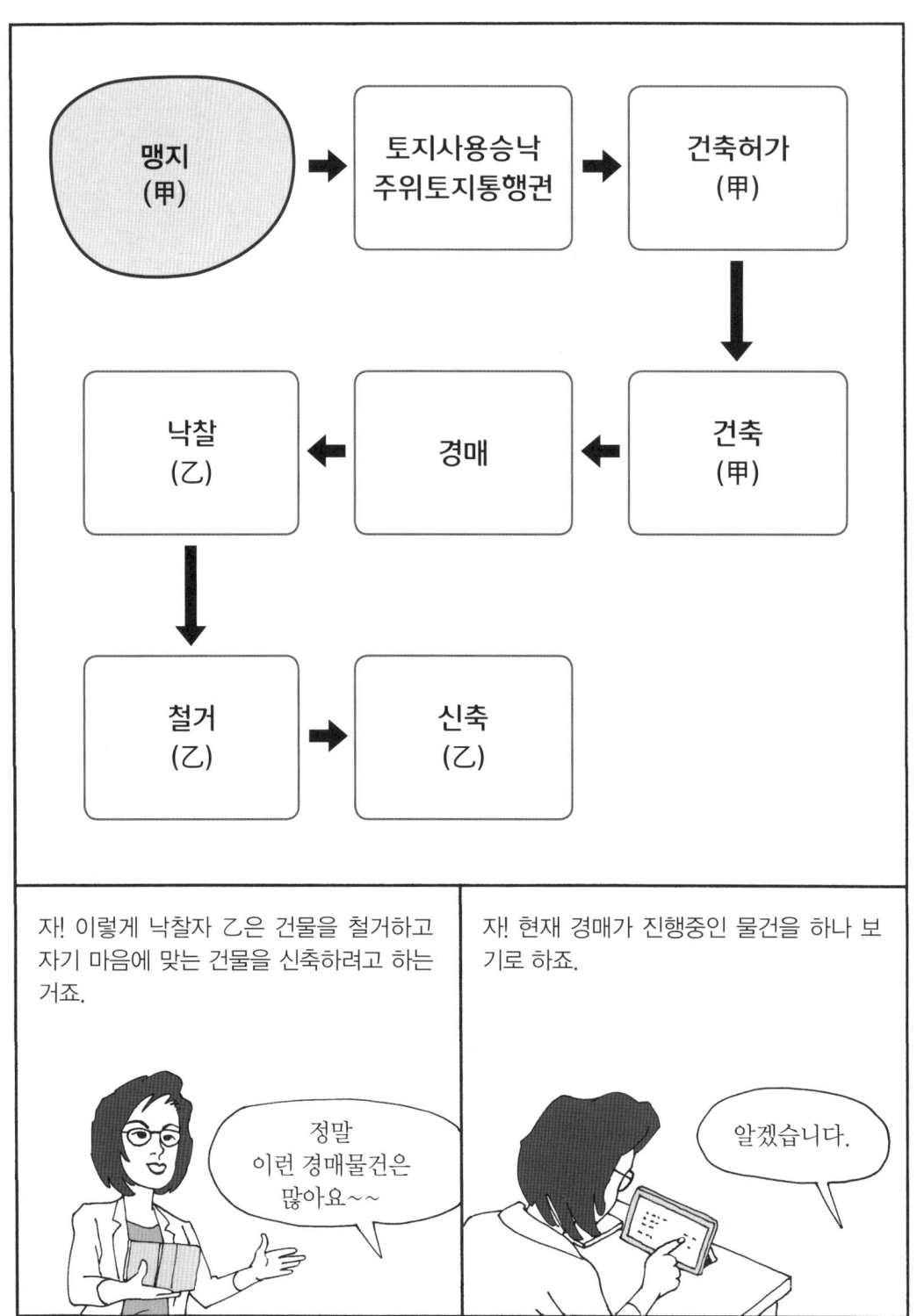

의정부2계
2019 타경 70267 단독주택

사건내용

소재지	경기 포천시 이동면 노곡리 1214-30 (11112) 경기 포천시 이동면 성장로 773				
경매구분	강제경매	채권자	한국자산관리공사		
용도	단독주택	채무/소유자	이○열	매각기일	19.08.01(목)10:30
감정가	77,990,000 (19.01.23)	청구액	59,042,426	다음예정	19.09.19
최저가	54,593,000 (70%)	토지면적	443.0 ㎡ (134.0평)	경매개시일	19.01.08
입찰보증금	5,459,300 (10%)	건물면적	전체 119.5㎡ (36.1평) 제시외 27.5㎡ (8.3평)	배당종기일	19.03.22
주의사항	· 맹지				
조회수	· 금일조회 1 (0) · 금회차공고후조회 68 (15) · 누적조회 149 (15) · 7일내 3일이상 열람자 1 · 14일내 6일이상 열람자 0			( )는 5분이상 열람 [조회통계] (기준일-2019.07.15 / 전국면회원전용)	

  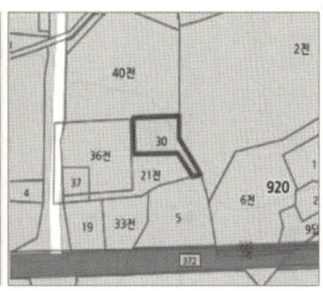

자! 이 물건을 보면 맹지라고 나오고, 1985년에 건축한 주택입니다.

여러분이 이 물건을 경락 받아 건물을 철거하고 재건축을 하신다면…

상태가 안 좋아 보이네요~~

ㅋㅋ 흥미가 느껴지네요~~

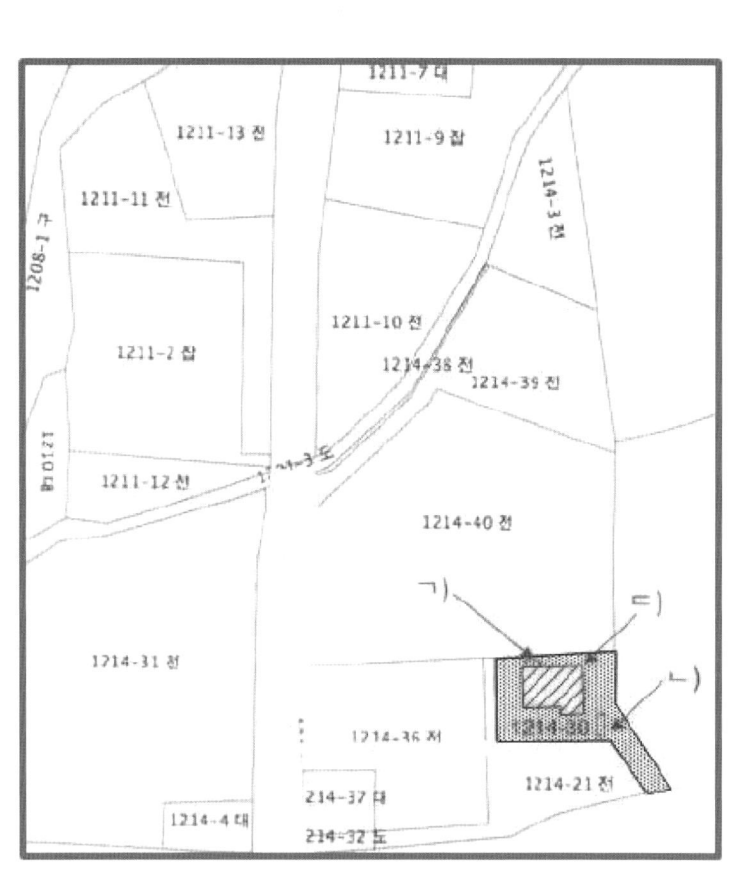

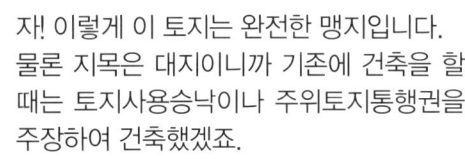
자! 이렇게 이 토지는 완전한 맹지입니다. 물론 지목은 대지이니까 기존에 건축을 할 때는 토지사용승낙이나 주위토지통행권을 주장하여 건축했겠죠.

그런 사항 등을 이제 하나하나 보도록 하죠.

경락자는 토지사용승낙이나 주위토지통행권을 다시 해야 하나요?

알겠습니다.

일반건축물대장(갑)

(2쪽 중 제1쪽)

고유번호	4165038024-1-12140030	민원24접수번호	20190731-94548115	명칭		호수/가구수/세대수	0호/1가구/0세대
대지위치	경기도 포천시 이동면 노곡리	지번	1214-30	도로명주소		경기도 포천시 이동면 성장로 773	

※대지면적	연면적 92㎡	※지역	※지구	※구역
건축면적 92㎡	용적률 산정용 연면적 92㎡	주구조 연와조	주용도 주택	층수 지하 층/지상 1층
※건폐율 %	※용적률 %	높이 m	지붕 스라브	부속건축물
※조경면적 ㎡	※공개 공지공간 면적 ㎡	※건축선 후퇴면적 ㎡	※건축선 후퇴거리 m	

건축물 현황

구분	층별	구조	용도	면적(㎡)
주1	1층	연와조 스라브	주택	92

소유자 현황

성명(명칭) 주민(법인)등록번호 (부동산등기용등록번호)	주소	소유권 지분	변동일 변동원인
○○○ 780220-1******	경기도 포천시 이동면 성장로 773	V1	2018.07.06 소유권이전

이 등(초)본은 건축물대장의 원본 내용과 틀림없음을 증명합니다.

발급일자: 2019년 08월 0일
담당자: 민원토지과
전화: 031-538-2137

경기도 포천시장

고유번호	4165038024-1-12140030	민원24접수번호	20190731-94548115	명칭		호수/가구수/세대수	0호/1가구/0세대
대지위치	경기도 포천시 이동면 노곡리	지번	1214-30	도로명주소		경기도 포천시 이동면 성장로 773	

구분	성명 또는 명칭	면허(등록)번호	※주차장				승강기		허가일
건축주			구분	옥내	옥외	인근	면적	승용 대 / 비상용 대	착공일
설계자								※오수정화시설	사용승인일 1995.11.30
공사감리자			자주식	대/㎡	대/㎡	대/㎡		형식	관련주소
공사시공자 (현장관리인)			기계식	대/㎡	대/㎡	대/㎡		용량 인용	지번

※제로에너지건축물 인증	※건축물 에너지효율등급 인증	※에너지성능지표 (EPI) 점수	※녹색건축 인증	※지능형건축물 인증
등급	등급	점	등급	등급
에너지자립률 %	1차에너지 소요량 (또는 에너지절감률) kWh/㎡(%)	※에너지소비총량 kWh/㎡	인증점수 점	인증점수 점
유효기간: . . ~ . .	유효기간: . . ~ . .	유효기간: . . ~ . .	유효기간: . . ~ . .	도로명

내진설계 적용여부	내진능력	특수구조건축물	특수구조 건축물 유형	
지하수위 GL ㎡	기초형식	설계지내력 t/㎡	구조설계 해석법	

고유번호	4165038024 - 11214 - 0030			도면번호	47	발급번호	201941650-00200-2607
토지소재	경기도 포천시 이동면 노곡리		토지 대장	장번호	2-1	처리시각	14시 01분 28초
지번	1214-30	축척 1:1200		비고		발급자	인터넷민원

토지표시			소유자		
지목	면적(㎡)	사유	변동일자 / 변동원인	주소 / 성명 또는 명칭	등록번호
(01) 전	443	(21)1985년 12월 11일 1214-21번에서 분할	1985년 10월 30일 (03)소유권이전	1214 이○우	320120-1******
(08) 대	443	(40)1985년 12월 12일 지목변경	2018년 07월 06일 (03)소유권이전	경기도 포천시 이동면 성장로 773 이○열	780220-1******
(08) 대	443	(50)2003년 10월 19일 포천군에서 행정구역명칭변경		---이하 여백---	
		---이하 여백---			

등급수정 년월일	1985. 12. 11. 수정	1985. 12. 12. 수정	1987. 04. 01. 수정	1989. 01. 01. 수정	1990. 01. 01. 수정	1991. 01. 01. 수정	1992. 01. 01. 수정	1993. 01. 01. 수정
토지등급 (기준수확량등급)	66	90	108	115	130	132	133	136
개별공시지가기준일	2013년 01월 01일	2014년 01월 01일	2015년 01월 01일	2016년 01월 01일	2017년 01월 01일	2018년 01월 01일	2019년 01월 01일	용도지역 등
개별공시지가(원/㎡)	55200	59300	59800	62700	65600	66500	69200	

토지 대장에 의하여 작성한 열람본입니다.
2019년 8월 1일

경기도 포천시장

고양13계
2015 타경 13313 단독주택

사건내용					
과거사건	고양 2012-20624				
소 재 지	경기 고양시 일산동구 지영동 42-4 (10256) 경기 고양시 일산동구 지영로196번길 161-7				
경매구분	임의경매	채권자	양○○○		
용 도	단독주택	채무/소유자	김○○	매각기일	16.04.07 (221,000,000원)
감 정 가	471,488,000 (15.06.02)	청구액	270,000,000	종국결과	16.06.29 배당종결
최 저 가	161,720,000 (34%)	토지면적	949.0 ㎡ (287.1평)	경매개시일	15.05.20
입찰보증금	16,172,000 (10%)	건물면적	전체 139.2 ㎡ (42.1평) 제시외 80.5㎡ (24.4평)	배당종기일	15.08.28
주의사항	· 맹지				

  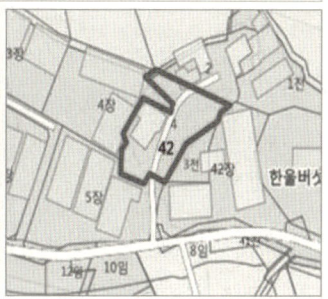

139

❻ 경매와 관련한 건축이야기

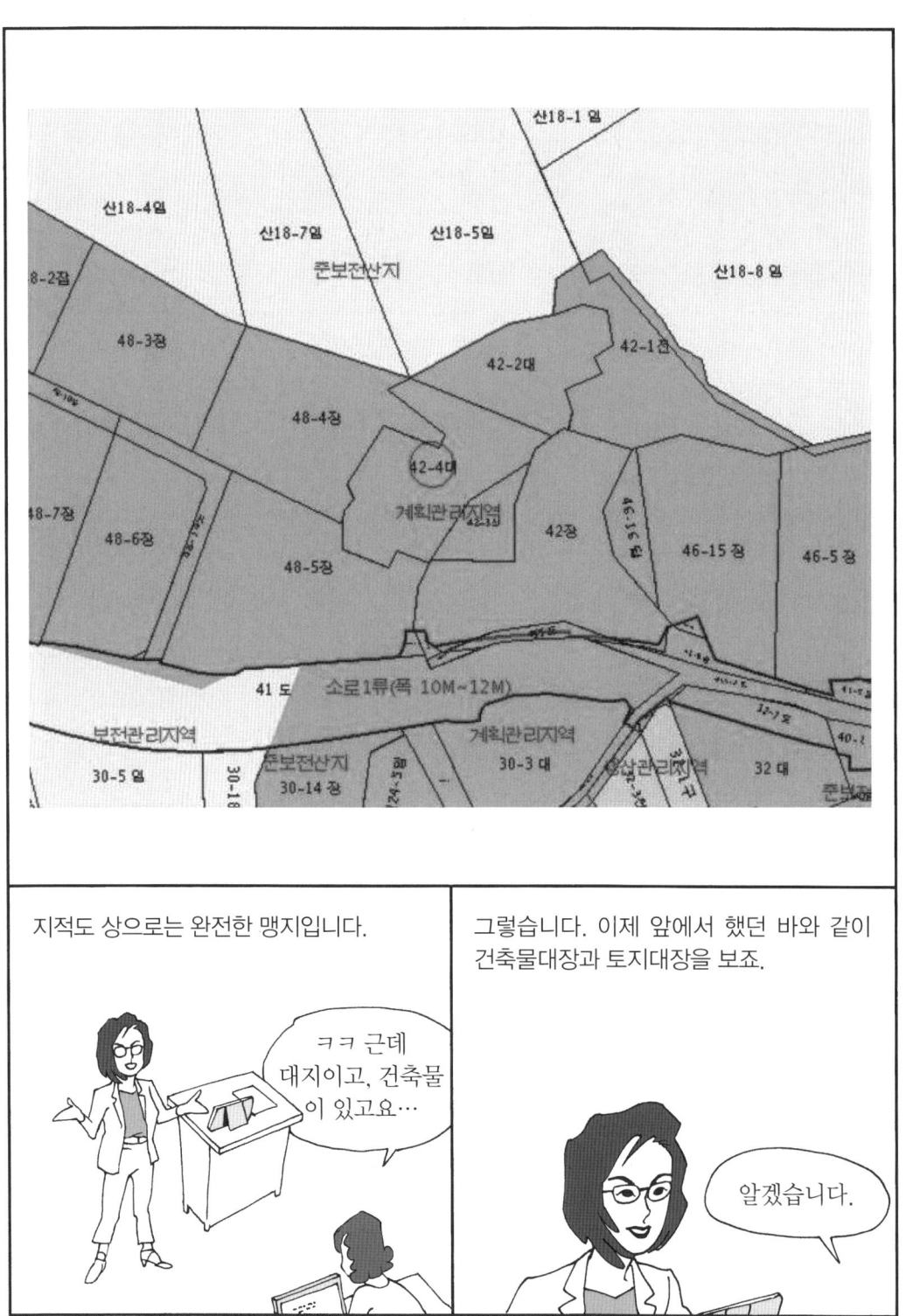

일반건축물대장(갑)

(2쪽 중 제1쪽)

고유번호	4128511000-1-00420004	민원24접수번호	20190801-94352688	명칭		호수/가구수/세대수	0호/1가구/0세대
대지위치	경기도 고양시 일산동구 지영동		지번	42-4	도로명주소	경기도 고양시 일산동구 지영로198번길 16	

※대지면적	연면적 58.74㎡	※지역 관리지역	※지구	※구역
건축면적 58.74㎡	용적률 산정용 연면적 58.74㎡	주구조 목조	주용도 단독주택	층수 지하 층/지상
※건폐율 %	※용적률 %	높이 m	지붕 스레이트	부속건축물
※조경면적 ㎡	※공개 공지공간 면적 ㎡	※건축선 후퇴면적 ㎡	※건축선 후퇴거리 m	

건축물 현황

구분	층별	구조	용도	면적(㎡)
주1	1층	목조	단독주택	58.74

소유자 현황

성명(명칭) 주민(법인)등록번호 (부동산등기용등록번호)	주소	소유권 지분	변동일 변동원인
김O대 480801-1******	서울특별시 강서구 등촌동 663-12근 삼프리즘 5층	/	2011.01.24 소유권이전

이 등(초)본은 건축물대장의 원본 내용과 틀림없음을 증명합니다.

발급일자 : 2019년 08월 01일
담당자 : 시민봉사과
전 화 : 031-8075-6208

경기도 고양시 일산동구청장

고유번호	4128511000-1-00420004	민원24접수번호	20190801-94352688	명칭		호수/가구수/세대수	0호/1가구/
대지위치	경기도 고양시 일산동구 지영동		지번	42-4	도로명주소	경기도 고양시 일산동구 지영로198번길 16	

구분	성명 또는 명칭	면허(등록)번호	※주차장				승강기		허가일	
건축주			구분	옥내	옥외	인근	면제	승용 대	비상용 대	착공일
설계자								※오수정화시설		사용승인일 2008.0
공사감리자			자주식	대 ㎡	대 ㎡	대 ㎡		형식		관련주소
공사시공자 (현장관리인)			기계식	대 ㎡	대 ㎡	대 ㎡		용량 인용		지번

※제로에너지건축물 인증	※건축물 에너지효율등급 인증	※에너지성능지표 (EPI) 점수	※녹색건축 인증	※지능형건축물 인증	
등급	등급	점	등급	등급	
에너지자립률 %	1차에너지 소요량 (또는 에너지절감률) kWh/㎡(%)	※에너지소비총량	인증점수 점	인증점수 점	도로명
유효기간 : . . ~ . .	유효기간 : . . ~ . .	kWh/㎡	유효기간 : . . ~ . .	유효기간 : . . ~ . .	

내진설계 적용여부	내진능력	특수구조 건축물	특수구조 건축물 유형	
지하수위 G.L m	기초형식	설계지내력 t/㎡	구조설계 해석법	

개발행위허가 Vs 건축허가

구 분		개발행위허가	건축허가
적용법규		개발행위운영지침	건축법
목 적		토지의 합리적 이용	건축물의 위험방지
대 상		건축물의 건축, 공작물 설치 형질변경, 토석채취, 토지분할, 적치행위	건축, 대수선, 용도변경
사 무		자치사무	국가사무
재 량		기속행위와 재량행위	기속행위
완 성		준공검사	사용승인
도 로	분 할	분할해야 함	분할할 필요 없음
	지목변경	지목변경 해야 함	지목변경 필요 없음

개발행위허가 도로 기준

개발규모	도로폭
5천㎡ 미만	4m 이상
5천 ~ 3만㎡ 미만	6m 이상
3만㎡ 이상	8m 이상 적정 폭

건축물 증축 등을 위해 기존 대지 면적을 10%이하로 확장하는 경우와 기존 대지에서 건축물 증축·개축·재축(신축 제외)하는 경우, 광고탑, 철탑, 태양광발전시설 등 교통유발이 적은 경우에 차량진출입이 가능한 기존 마을안길, 농로 등에 접속하거나 차량통행이 가능한 도로를 개설하는 경우는 진입도로기준을 적용하지 않을 수 있습니다.

건물의 명칭변경

자! 이번에는 건물의 명칭변경에 대하여 알아보죠.  맞아요. 낙찰을 받았는데 건물 명칭이 마음에 들지 않을 때가 있어요.	그래서 건물의 명칭변경에 대하여 간단하게 알아보려고 합니다.  ㅋㅋ 기대되는데요.
은행에 직접 가지 않고도 인터넷뱅킹이나 폰 뱅킹을 이용하여 업무처리가 가능하죠?  당연하죠 얼마나 편한데요	건축행정업무도 전산화 되어 있어 직접 방문하지 않아도 행정업무를 볼 수 있답니다.  엄청 편리하겠네요

> 메인화면에 자주찾는 민원에
> 건축물표시(변경,정정)신청을 클릭하세요

□ **민원신청**　　　　　　　　　　　　　　　　　　　　로그인이 필요한 서비스입니다

민원명	건축물표시(변경·정정)신청		
📍 시군구 선택	- 시 도 ▽　- 시/군/구 ▽	민원작성 및 신청	공인인증서 등록

민원정보

사무명	건축물표시(변경·정정)신청
근거법규	1. 건축법 관련규칙 건축물대장의기재및관리등에관한규칙 제18조
자치법규	- 시 도 - 시/군/구 자치법규보기　　　　건축 | 주택 | 도시 | 심의
유의사항법규	
관련서식	📄 [서식_15]_건축물표시_(변경, 정정)_신청서.hwp

시군구를 선택하시고 공인인증서 등록을 하여

건축물대장의 기재 맟 관리등에 관한 규칙의 별지서식 15를 선택해서
변경전, 변경후 명칭을 작성하시고 사유도 기재한 신청서를 작성하여 신청하면 됩니다.

그 신청의 인허가가 완료되었다는 문자메세지(SMS)를 받은 후 등록면허세(7,200원)
영수필 확인서를 등록하면 관련 업무가 완료됩니다.

이러한 내용이 힘들다면 해당소재지의 지자체 민원실에 방문하시어
서류 작성을 하여 신청하면 가능하겠죠.

> ㅋㅋ 알겠습니다.
> 어려운 건 아니네요~

입주권(딱지)과 이축권이란?

자! 이 시간에는 우리가 말로만 듣고 어렴풋이 알고 있는 입주권 즉, 딱지와 이축권에 대해 알아보기로 하죠.

먼저 입주권 즉, 딱지에 대하여 알아보죠.

저는 딱지에 대해서는 뉴스에서 들었는데 이축권은 좀 생소하네요.

부동산에서 딱지 매매란 문구를 봤습니다.

맞습니다. 딱지란 문구도 있지만 분양권매매라는 문구도 있죠.

여기서 입주권과 분양권을 잠깐 보기로 하죠.

부동산 마다 써 있던데요.

알겠습니다.

   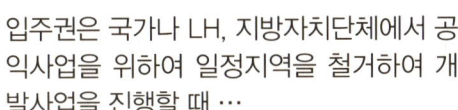  

자! 이축권은 옮겨서 건축을 할 수 있는 권리를 말한다고 할 수 있습니다.

이축권도 매매가 되던데요?

그렇습니다. 어떤 이축권은 아주 귀하게 매매가 되기도 하고 구하기도 어려운 경우가 있죠.

이축권은 어떻게 해서 발생하나요?

이축권이 발생하는 것은 몇 가지가 있습니다.

그게 어떤 건데요?

그린벨트에서 도로개설 등 공익사업으로 기존 가옥이 철거되는 경우나 수해지역으로 이전이 불가능한 경우에 발생되는 겁니다.

그런데 이축권이라는 증명서는 없습니다.

알겠습니다.

그럼 어떻게 확인해야 하나요…?

폐쇄건축물관리대장, 토지대장, 등기부등본, 토지수용확인서, 철거예정통보서를 통해 이축권이 발생되었다는 것을 확인할 수 있습니다.

그럼 이축권을 한번 받으면 돈이 생길 때까지 건축을 미뤄도 될까요?

이축권의 유효기간은 개발제한구역의 지정 및 관리에 관한 특별조치법 시행령에서 종류마다 다르게 되어 있습니다.

공익사업으로 인한 이축권은 보상금을 모두 지급받은 자가 실제 건물을 철거한 날짜기 소유로 토지소유권을 확보한 토지에 신축이 가능합니다.

재해로 인해 이축권이 발생한 경우는 재해 발생일로부터 6개월 이내에 소유권을 확보한 토지에 신축 가능합니다.

또한 건축물의 층수 및 연면적은 철거 당시의 건축물의 층수 및 연면적까지 가능합니다.

하천점용허가와 도로점용허가의 승계

자! 이제 하천점용허가와 도로점용허가에 대해서 알아보겠습니다.

어! 교수님! 그건 맹지에서 많이 말씀하셨는데요.

그렇습니다. 여기서 다시 한번 말씀 드릴테니까 완벽하게 이해하시길 바랍니다.

알겠습니다!!!

먼저 하천점용허가입니다.

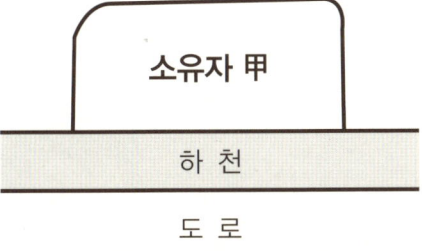

자! 이런 경우 甲이 건축을 하기 위해서는 하천점용허가가 필요합니다.

그건 알고 있습니다.

물론 농사 등을 위하여 하천점용허가를 받기도 하지만 우린 지금 경매를 이야기 하니까… 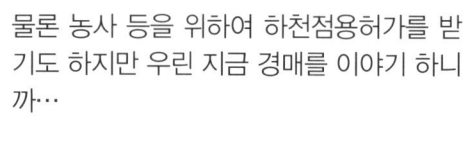 건축을 위한 점용허가를 중점적으로 한다는 거죠.	ㅋ～그렇습니다. 하천점용허가 세부기준에 보면 그 내용이 잘 나와 있습니다.  한번 봐 볼게요. 교수님!
하천점용허가는 기본적으로 전부 가능하다고 생각하시면 됩니다.  전부 가능해요?	물론 하천 전체를 복개한다는 등은 안되겠지만 우리가 건축을 하는 등의 목적으로 한다면…  거의 가능하다는 말씀이죠?
그렇습니다. 점용기간은 보통 5년이라고 생각하시면 됩니다.  그렇군요.	그런데 우린 경매를 공부하니까…낙찰을 받았는데 전소유자가 하천점용허가를 받았다면…  그것도 양도 받아야 하나요?

물론입니다. 하천법 제5조에는 권리,의무의 승계에 대하여 다음과 같이 나와 있습니다.

1. 사망한 경우 상속인
2. 양도한 경우 양수한 자
3. 법인 합병의 경우 존속하는 법인

물론 여기에 낙찰과 관련한 내용은 없습니다.

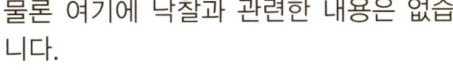

그럼 어떻게…?

■ 하천법 시행규칙 [별지 제1호서식] 〈개정 2018. 6. 8.〉

권리·의무승계 신고서

접수번호	접수일	처리기간	
		즉시	

승계인 (상속인·양수인· 합병법인)	성명(법인인 경우 그 명칭 및 대표자의 성명)	생년월일(법인등록번호)	
	주소	(전화번호:)	
피승계인 (피상속인·양도인· 피합병법인)	성명(법인인 경우 그 명칭 및 대표자의 성명)	생년월일(법인등록번호)	
	주소	(전화번호:)	
승계 대상물 (허가일 및 허가번호)			
하천의 명칭 및 위치			
권리·의무의 내용			
승계 사유 (상속·양도·합병)			

도로점용허가도 이와 같은 맥락으로 이해하시면 될 겁니다.	그러므로 낙찰을 받은 물건이 하천이나 도로점용허가를 받았었다면 30일 이내에 권리·의무 승계신고서를 제출하면 될 겁니다.

그래도 안심하지 못한 듯 하군요?	그럼 민원마당을 살펴보면서 찾아보기로 하죠.

그렇습니다. 거의 모든 부처가 민원인의 질의에 답변하는 민원마당 또는 Q & A 코너를 두고 있죠.	그렇습니다. 국토교통부의 민원마당을 보기로 하죠.

도로점용허가 권리.의무 승계신고 여부?

담당기관	영주국토관리사무소
카테고리	도로
관련법령	
담당부서	보수과
등록일자	2009.03.26
수정일자	2019.05.24
첨부파일	

질의내용

1. 도로점용 연결허가 및 굴착허가를 득하여 사용하던 중 매매 및 경매로 인한 소유권 이전이 되었을 경우 관리청에 신고해야 하는지 여부?

회신내용

국토교통 행정업무에 관심을 가져주신 점 깊이 감사드립니다. 1. 도로법 제106조에 의거 점용허가 등으로 발생할 권리.의무를 가진 자가 사망하거나 그 권리.의무를 양도할 때 또는 합병법인이 권리.의무의 승계신고를 하는 경우 그 직위를 승계하며, 권리나 의무를 승계한 자는 상속일.양수일 또는 합병일로부터 30일이내에 권리의무의 승계신고서에 허가관련 내역서 및 양도에 관한 계약서(양도.양수서) 등을 첨부하여 관리청에 신고하여야 함. 기타 궁금하신 사항은 영주국토관리사무소 보수과 ██████████████에게 연락주시면 친절히 답변해 드리겠습니다. 감사합니다.

경매로 인한 도로점용허가 승계

담당기관	수원국토관리사무소
카테고리	도로
관련법령	
담당부서	보수과
등록일자	2011.03.10
수정일자	2019.05.24
첨부파일	

질의내용

- 기존에 주유소를 하려고 하시던 분이 도로점용허가를 받고, 개발을 하던 것으로 알고 있는데. 이 경우 경매물건을 낙찰 받은 사람이 다시 도로점용허가를 받아야 하는지, 아니면 권리승계를 받아야 하는지가 궁금합니다. - 권리승계를 받는다면, 권리승계 신청서 상에 승계인과 피승계인의 서명란이 있던데. 승계인은 해당 물건의 낙찰자가 될것이라 여겨지며, 피승계인은 기존에 개발을 하시던 분이 서명을 해야 되는지요?

회신내용

안녕하세요. 국도관리 업무에 관심을 가져주신 점 감사드립니다. 귀하께서 질의하신 내용을 요약하자면 가. 경매에 의한 주유소 권리이전시 도로점용허가를 받아야 하는지 승계신고를 하여야 하는지 나. 도로점용허가를 받아야 할 경우 전 운영자가 허가를 취소하지 않을 경우는 다. 승계신고를 하여야 할 경우 피승계인의 서명날인을 받지 못할 경우는 이와 같으며 - 점용시설물이나 공작물이 경매절차에 의하여 이전되었다고 하여 반드시 점용허가로 발생한 권리나 의무까지 이전되었다고 볼 수는 없을 것이나, 주유소 등과 같이 도로점용을 전제로하여 설치된 시설물일 경우는 선의적으로 경락을 받은 자를 위하여, - 경락자가 점용물을 종전의 목적대로 계속 사용하고자 그 점용허가에 따른 조건이나 의무 등을 승계한다는 뜻을 관리청에 신고할 경우는 특별한 사유가 없는 한 별도의 점용허가 절차없이 기존 점용허가의 효력은 발생될 것으로 판단됩니다. 도움이 되셨길 바라며, 국민의 공동재산인 도로부지 관리에 적극 협조하여 주시기 바랍니다. 추가 문의사항이 있을 경우 수원국토관리사무소 ████████으로 연락을 주시면 성심성의껏 답변드리겠습니다. 감사합니다.

MEMO

혼자만 알고 싶은 대박 경매 시리즈 ③
만화로 배우는 공유지분경매

초판 1쇄 · 2019년 9월 28일

지은이 · 정기수·김혜란
그 림 · 안 주
제 작 · ㈜봄봄미디어
펴낸곳 · 봄봄스토리
등 록 · 2015년 9월 17일(No. 2015-000297호)
전 화 · 070-7740-2001
이메일 · bombomstory@daum.net

ISBN 979-11-89090-11-1(03320)
값 30,000원